Sicher ist sicher. Bei aller Sorgfalt, die wir in der Recherche haben walten lassen, können sich Öffnungszeiten auch einmal kurzfristig ändern, oder ein Lokal ist gerade an Ihrem perfekten St.-Petersburg-Wochenende ausgebucht oder geschlossen. Darum empfehlen wir, grundsätzlich möglichst weit im Voraus zu reservieren. Ein kurzer Anruf genügt, und Sie können sicher sein, zur vereinbarten Zeit einen Platz zu finden.

© Süddeutsche Zeitung GmbH, München
für die Süddeutsche Zeitung Edition 2007
in Kooperation mit smart-travelling GbR, Berlin
Reihe „Ein perfektes Wochenende in ..."

Idee und Konzept: Nancy Bachmann, Nicola Bramigk
Texte: Nancy Bachmann
Fotos: Namy Nosratifard
Gestaltung und Illustration: Rahel Streiff
Redaktion: Nancy Bachmann, Rohan Willard

Projektmanagement: Michaela Adlwart, Sabine Sternagel
Litho: Matthias Worsch
Herstellung: Thekla Neseker, Hermann Weixler
Druck und Bindung: Kessler Druck + Medien, Bobingen

Printed in Germany
1. Auflage 2011

ISBN: 978-3-86615-849-8

# SMART
## TRAVELLING

# EIN PERFEKTES WOCHENENDE IN ...
## ST. PETERSBURG

Hotel: Grand Hotel Europe
Nevskiy Prospekt, Mikhailovskaya
Ulitsa 1/7
Tel: 007 812 3296000
Seite 8

Hotel: Hotel Astoria
Bolshaya Morskaya Ulitsa 39
Tel: 007 812 4945757
Seite 18

Hotel: Alexander House
Kryukova Kanala 27
Tel: 007 812 5753877
Seite 24

Restaurant: Teplo
Bolshaya Morskaya Ulitsa 45
Tel: 007 812 5701974
Seite 30

Restaurant: Russian Fishing
Uznaya Doroga 11
Tel: 007 812 3239813
Seite 40

Restaurant: Mansarda
Pochtamtskaya Ulitsa 3/5
Tel: 007 812 9464303
Seite 48

☞ Weitere Adressen finden Sie unter www.smart-travelling.net

Restaurant: Aragvi
Reki Fontanki 9
Tel: 007 812 5705643
Seite 54

Restaurant: Palkin
Nevskiy Prospekt 47
Tel: 007 812 7035371
Seite 62

Café: Stolle
Ulitsa Dekabristov 19
Tel: 007 812 7142571
Seite 66

Bar: Riba Bar
Akademika Pavlova 5
Tel: 007 812 2345060
Seite 72

Shop: Imperial
Vladimirskiy Prospekt 7
Tel: 007 812 7131513
Seite 76

Gut zu wissen
Tipps, Ausflüge, Spaziergänge
Seite 89

# ALTER GLANZ UND SOWJETCHARME

Der Weg in die St. Petersburger Innenstadt über den kilometerlangen Moskovskiy Prospekt mit Plattenbauten, Stalinarchitektur und alten Ladas erfüllt alle Ost-Klischees.

Im Zentrum verschlägt es einem dann aber den Atem. Denn hier reihen sich prunkvolle Paläste an schönste Barockkirchen und farbenprächtige Fassaden mit kunstvollen Jugendstildetails. Mittendrin der Nevskiy Prospekt, St. Petersburgs Prachtboulevard mit seiner Mischung aus großen alten Kaufhäusern, Cafés, Ladenpassagen und Modeboutiquen. Vergoldete Kuppeln spiegeln sich in den Kanälen, die mit eleganten Brücken verbunden sind und noch von Hand hochgezogen werden. Eindrucksvolle Metrostationen voller Marmor, Kronleuchter, Statuen und Mosaike liegen tief unter der Stadt.

Die Neva-Metropole ist ein Paradies für Kunst- und Kulturliebhaber. So kann man im Russischen Museum die tausendjährige Geschichte des Landes bestaunen und im Winterpalast der Eremitage die beeindruckende Kunstsammlung von Katharina der Großen oder eine erstklassige Ballettaufführung im berühmten Mariinsky Theater besuchen. Und fährt man nur 30 Kilometer raus aus der Stadt, ist man in der schönsten und ältesten Zarenresidenz Peterhof, ein russisches Versailles mit einem herrschaftlichen Sommerpalast samt weitläufiger Parkanlage, sprudelnden Fontänen und goldenen Figuren.

Besonders zauberhaft ist St. Petersburg aber zu den berühmten „Weißen Nächten" im Juni und Juli. Dann verleiht das surreale Licht der Stadt eine magische Stimmung, versetzt die Petersburger in Euphorie – und einen selbst gleich mit.

# GRAND HOTEL EUROPE

Das älteste Grand Hotel der Stadt erstreckt sich vom Nevskiy Prospekt bis zum Platz der Künste gleich über drei Gebäude, die der Architekt Carlo Rossi zu einem prachtvollen Barockensemble verbunden hat. Es verströmt Größe und Grandezza von der Lobby bis unters Dach und ist für Politiker und Stars bis heute die erste Adresse der Stadt. In luxuriösen Räumen mit dicken Teppichen und schweren Stoffen fühlt man sich aufgehoben und der Concierge-Service lässt von individuellen Stadtführungen bis zu Karten für das Mariinsky Theater, die sogar noch für denselben Abend besorgt werden können, keine Wünsche offen. Außergewöhnlich sind die historischen Suiten in der ersten Etage, die nach russischen Berühmtheiten benannt und eingerichtet sind, wie die Dostojewski-Suite mit Illustrationen seiner Novellen an den Wänden. Großartig sind auch die Belles Chambres im fünften Stock mit Balkonen, von denen man auf St. Petersburgs Prachtboulevard blickt.
Das Frühstück wird im wunderschönen Jugendstilsaal serviert mit Klaviermusik und einem köstlichen Buffet. Sonntags findet hier der berühmte Jazzbrunch statt und freitags die Tschaikowski-Nacht samt Ballett-Aufführungen. Mit 300 Zimmern, vier Restaurants, dem Mezzanin-Café, der Lobbybar und einer Ladenpassage ist das Europe beinahe wie eine kleine Stadt in der Stadt, in der man Geschichte atmet, die aber gleichzeitig den Anschluss an die Moderne nicht verpasst hat.

Grand Hotel Europe Adresse: Nevskiy Prospekt, Mikhailovskaya Ulitsa 1/7, St. Petersburg Tel: 007 812 3296000 Internet: www.grandhoteleurope.com Preise: DZ ab 250 Euro, Frühstück 50 Euro

## ☞ Caviar Bar & Restaurant

Die Caviar Bar serviert klassische russische Küche auf höchstem Niveau und das Boeuf Stroganoff ist das beste der Stadt. Der Kaviar befindet sich auf einem silbernen Servierwagen und ist auf viel Eis gebettet, der Wodka wird in feinen Kristallgläsern mit Grand-Hotel-Gravur serviert und die Kellner tragen rote Seidenkostüme. Dazu spielt ein Streichquartett „Super Mario" und bricht das gediegene Ambiente auf charmante Weise.

Caviar Bar & Restaurant, in der 1. Etage des Grand Hotel Europe
Tel: 007 812 3296622
Öffnungszeiten: Täglich 17.30 – 24.00 Uhr

## ☞ Lobby Bar

Die Lobby Bar des Grand Hotel Europe ist die schönste Bar in St. Petersburg. Eine klassische Cocktailbar mit James-Bond-Flair, durch deren elegante Belle-Epoque-Räume eine lange Geschichte weht. Hat man sich auf einem der roten Samtsessel oder Hocker am Bartresen niedergelassen, kann man hier Stunden verbringen. Die Drinks sind auf den Punkt gemixt, dazu werden Pralinen aus der hauseigenen Patisserie serviert und Live-Jazz gespielt. Besonders ist die Atmosphäre aber auch am Morgen, wenn das Grand Hotel gerade erwacht und man mit einem Espresso seinen Tag hier beginnt.

Öffnungszeiten: Täglich 24 Stunden

## HOTEL ASTORIA

In dem 1911 vom berühmten Architekten Fjodor Lidval erbauten Grand Hotel trifft zeitlose Eleganz auf russischen Esprit. Welche Berühmtheiten schon im Astoria abgestiegen sind, verraten die goldenen Schilder neben dem Fahrstuhl, in die Namen wie Truman Capote und Alain Delon eingraviert sind. Das Treppenhaus und die Türen zu den schlicht eleganten Zimmern sind im schönsten Jugendstil gestaltet. Drinnen verströmen altes Parkett, dunkelgrüne Polster und schweres Leinen Gemütlichkeit und luxuriöses Understatement. Einmal eingecheckt möchte man am liebsten gar nicht mehr vor die Tür. Auch wegen des stilechten Zimmerservices mit einer kleinen Karte und Klassikern wie Steaksandwich oder Burger in bester Qualität und auf blau-weiß gemustertem Porzellan von Imperial serviert.

Von allen Deluxe-Zimmern kann man auf den Isaaksplatz und die imposante Goldkuppel der Isaakskathedrale blicken, genauso wie von den Fensterplätzen im Davidov Restaurant, in dem auch das Frühstück serviert wird. Mit einer feinen Auswahl an frischen Säften, Porridge, Lachs und Bread Pudding gehört es zu den besten Hotelfrühstücken der Stadt und der hohe, lichtdurchflutete Raum mit Stuckdecke und Kronleuchtern erzeugt Metropolenflair.

Nach einem langen Tag in der Stadt kann man wunderbar in der Sauna relaxen oder sich bei einem Drink in der Kandinsky Bar entspannen. Einzig der Service im Astoria ist manchmal etwas unflexibel und die Internetnutzung kompliziert.

Hotel Astoria  Adresse: Bolshaya Morskaya Ulitsa 39, Isaaksplatz, St. Petersburg Tel: 007 812 4945757  Internet: www.thehotelastoria.com
Preise: DZ ab 295 Euro, Frühstück 35 Euro

Торт «Макароны»
Macaroni Cake

Шоколадный мусс
Chocolate Mousse

Шоколадный Пти фур
Chocolate Petit Four

# ☞ Teezeremonie im Astoria

Berühmt ist das Astoria auch für seine nachmittägliche Teezeremonie in der lichtdurchfluteten Rotonda Lounge. Dort nimmt man auf dunkelgrünen Polstern und mit Blick auf die Isaakskathedrale Platz und kann zwischen feinen Sandwiches, Piroggen, süßen Pfannkuchen und Tartes wählen, die in der Mitte des Teesalons aufgebaut sind. Das heiße Wasser für den Tee kommt natürlich und wie es sich gehört aus silbernen Samowaren und wird stilecht im eleganten Kobalt-Netz-Porzellan von Imperial serviert.

Tel: 007 812 4945137
Öffnungszeiten: Täglich 15.00 – 19.30 Uhr
Preis: 30 Euro pro Person

## ALEXANDER HOUSE

Betritt man das Alexander House, ein Wohnhaus aus dem 19. Jahrhundert, das am pittoresken Kryukov Kanal liegt, fühlt man sich sofort aufgehoben – in einer gemütlichen, warmen Atmosphäre und wie bei Freunden. Antikes Holz, dicke Teppiche und viele persönliche Objekte sind über drei Stockwerke verteilt und der Check-in ist herzlich. Ist das Zimmer noch nicht fertig, wird einem Tee angeboten und man kann in der Bibliothek, im Kaminzimmer oder im idyllischen Hofgarten verweilen. 2003 hat Alexander Zhukov seinen Job als Kriegsjournalist aufgegeben und das Haus eröffnet. Mit 19 verschiedenen Zimmern, die von Stockholm bis Rom nach Metropolen, in denen Zhukov und seine Frau einmal übernachtet haben, benannt und mit Mitbringseln von ihren Reisen eingerichtet sind.

Stammgäste kommen nicht ins Alexander House, sondern zu Alexander und seiner Frau Natalya, fühlen sich ganz wie zuhause und richten sich bei ihren Business-Terminen schon mal danach, ob ein Zimmer frei ist.

Das liegt sicherlich auch an dem Team, das Alexander als Teil seiner Familie sieht und dem es wichtig ist, dass sich hier jeder einbringt und glücklich ist. Als Journalist bekommt man 20 Prozent Rabatt auf den Zimmerpreis, auch während Messen oder zu den Weißen Nächten, wenn die Stadt voll ist – ein Geschenk von Alexander an seine einstigen Kollegen.

---

Alexander House  Adresse: Kryukova Kanala 27, St. Petersburg
Tel: 007 812 5753877  Internet: www.a-house.ru
Preise: DZ ab 160 Euro inkl. Frühstück

# Ein Gespräch mit Alexander Zhukov

Betreiber des Alexander House

**Sie haben jahrelang als Frontline-Reporter aus Kriegsgebieten berichtet. Wie sind Sie Hotelier geworden?**

Nach fünfeinhalb Jahren als Kriegsjournalist hat ein tragischer Unfall mein Leben verändert. Das war 2002, als auf unser Auto geschossen wurde und ich meinen Fahrer und einen Journalisten-Kollegen verloren habe. Das war für mich das Zeichen, etwas zu ändern. Meine Kinder begannen zu studieren, das Haus war auf einmal leer und das war für mich eine harte Zeit. Wir hatten immer ein offenes Haus und viele Freunde und Freunde von Freunden haben bei uns zuhause übernachtet.

**Wie haben Sie das Alexander House gefunden?**

Reiner Zufall. Das Haus war eine völlige Ruine, aber seine Energie hat mich sofort berührt. Meine Frau und ich haben unsere Wohnung verkauft und das Haus nach und nach selbst renoviert. 2003 haben wir dann mit sechs Zimmern eröffnet und die ersten zwei Jahre mit den Gästen unter einem Dach gewohnt, das Frühstück serviert, die Bettwäsche gewaschen und Reparaturen gemacht.

**Haben Sie ein Lieblingszimmer?**

Ich liebe alle Zimmer, denn jedes einzelne ist ein Teil von mir und meiner Frau. Wir konnten uns damals keinen Inneneinrichter leisten und haben jedes Zimmer mit viel Herzblut selbst gestaltet.

**Haben Sie Pläne für die Zukunft?**

Ja. Ich arbeite an einem Konzept für ein zweites Hotel. Aber das soll ganz anders als das Alexander House sein, denn schließlich kann man keinen Weg zweimal gehen. Das Neue soll viel jünger sein, im Graffiti-Style und für die Kinder meiner Gäste.

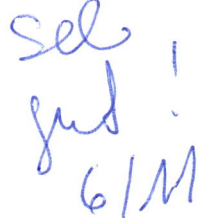

Teplo bedeutet im Russischen „im Warmen sein" und genau das ist man im Restaurant von Maria Revzina. Seit drei Jahren lebt sie ihr Konzept, dass man sich bei ihr umgeben von Freunden und wie zuhause fühlt. Für reiche Leute gibt es in St. Petersburg viel, für weniger Reiche bietet sie individuellen Stil – in verwinkelten Räumen, sehr persönlich eingerichtet mit Schwarz-Weiß-Fotos, geblümten Tischdecken, Bücherregalen und Speisekarten, die wie ein altes Fotoalbum gestaltet sind. Darin stehen russische Gerichte mit europäischem Einschlag wie Pfannkuchen mit Buko-Käse, rotem Kaviar und geräuchertem Lachs, geröstetes Huhn oder Boeuf Stroganoff. Köstlich sind ihre Fleischmedaillons mit Preiselbeeren und den drei Soßen mit Senf, Rotwein und Cognac. „Leben ist nicht zum Essen, aber Essen ist zum Leben da", sagt Maria über die guten Produkte und die hausgemachten Gerichte mit Seele. Das Teplo ist eine Oase, in der man nicht nur den ganzen Tag verbringen kann, tagsüber bei Säften, Suppen und Sandwiches, sondern in die man auch immer wieder zurückkehrt. Wie viele Stammgäste, deren Tassen samt Namen in einem Regal aufgereiht sind, und wie die vielen internationalen Besucher, die sich mit einem Fähnchen auf einer Weltkarte verewigen. Darauf kann man sehen, dass ihre Gäste aus der ganzen Welt kommen, genauso wie die Dankespostkarten, die malerisch an eine Wand gepinnt sind.

Teplo Adresse: Bolshaya Morskaya Ulitsa 45, St. Petersburg
Tel: 007 812 5701974 Internet: www.v-teple.ru
Öffnungszeiten: Montag–Donnerstag 9.00–24.00 Uhr, Freitag 9.00–1.00 Uhr,
Samstag 11.00–1.00 Uhr, Sonntag 13.00–24.00 Uhr

# Ein Gespräch mit Maria Revzina

Besitzerin des Teplo

### Was lieben Sie an der russischen Küche?

Vor allen Dingen die Suppen. Nach ihnen sind wir Russen ganz verrückt, essen Porridge am Morgen und Borschtsch am Abend. Wichtig ist, dass man mit Herz und Seele dabei ist, wenn man eine Suppe kocht. Das habe ich schon zuhause gelernt, dass man beim Kochen glücklich sein muss, denn wenn meine Mutter es nicht war, hat auch ihr Essen nicht geschmeckt.

### Außer dass man glücklich sein muss, worauf achten Sie beim Kochen noch?

Das Essen sollte einfach sein, ehrlich und ganz wie zuhause. Es muss glücklich machen und für Wohlgefühl sorgen. In Russland haben wir keine große Kochtradition so wie in Europa, auch deshalb finde ich es wichtig, dass man sich als Koch gut auskennt, nicht nur was die Zutaten angeht, sondern auch die Geschichte verschiedener Küchen und Gerichte.

### Wie sind Sie selbst zum Kochen gekommen?

Über Umwege. Erst habe ich in der Finanzwelt gearbeitet, dann mein Glück in einer Survival-TV-Show versucht und das war alles so gar nichts für mich. Die Idee mit einem Café ist dann vor sieben Jahren entstanden, weil ich mich nach einem Ort gesehnt habe, zu dem ich selbst gerne hingehen würde – immer und immer wieder. Deshalb habe ich das Zoom eröffnet und später eben das Teplo.

### Ganz schön wagemutig.

Und vor allem in Russland, wo alles so kompliziert ist. Schon allein um Stühle im Garten des Teplo aufzustellen, muss man unzählige Papiere ausfüllen und zu sieben verschiedenen Behörden gehen.

## Borschtsch
Für 4 Personen

Das Rindfleisch kochen, so dass eine Brühe entsteht. Rote Bete, Karotten, Zwiebeln und den Knoblauch in kleine Stücke schneiden und zusammen mit dem Tomatenmark anbraten. Etwas Essig, Öl und eine Prise Zucker dazugeben. Salzen und pfeffern und mit Zitronensaft abschmecken.

Den Weißkohl in die Brühe geben und kochen, dann die Kartoffeln dazugeben. Wenn alles gar ist, die Rote Bete ebenfalls in die Brühe geben und das Ganze für zwei Stunden ruhen lassen.

Vor dem Servieren die Suppe kurz erhitzen, mit Petersilie garnieren und Schmand dazu reichen.

100 g Rindfleisch
100 g Rote Bete
60 g Weißkohl
150 g Kartoffeln
30 g Karotten
30 g Zwiebeln
50 g Öl
20 g süßer Pfeffer
50 g Tomatenmark
1 Lorbeerblatt
Knoblauch
Zum Würzen: Schwarzer Pfeffer, Salz, Zucker, Essig, Zitrone, Senf, Petersilie Schmand

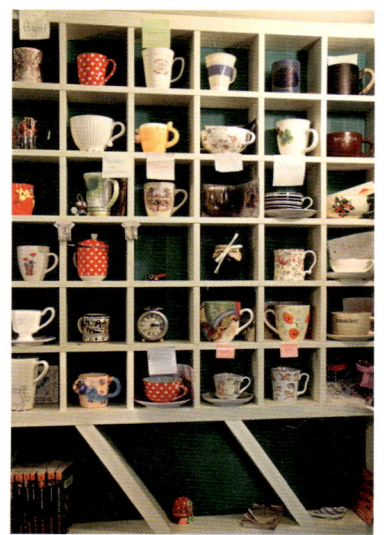

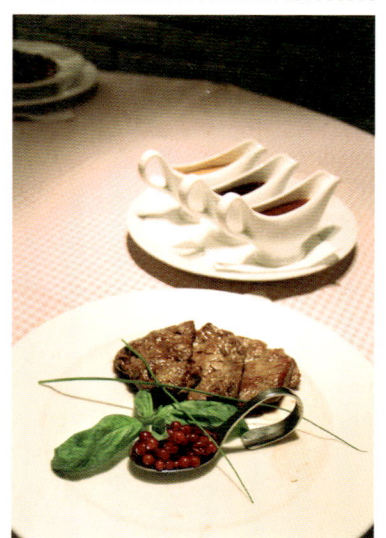

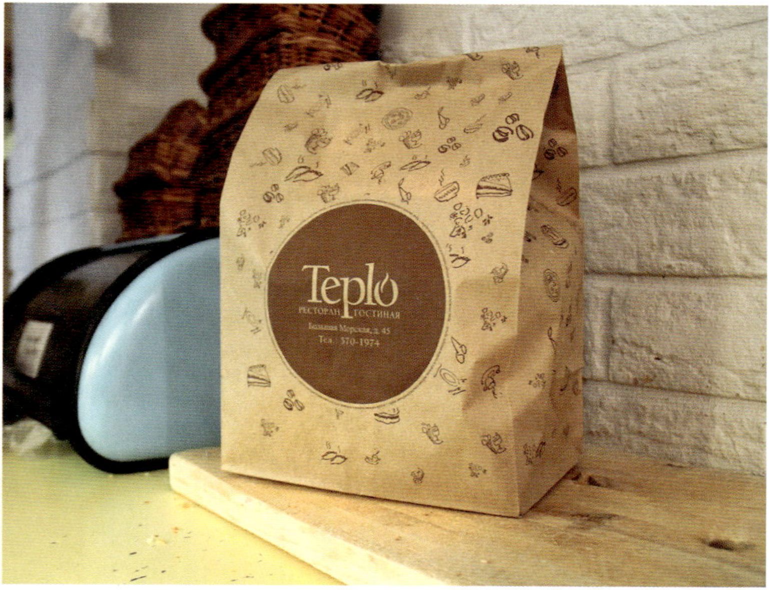
Teplo
РЕСТОРАН ГОСТИНАЯ

## ☞ Zoom

Mit dieser Café-Bar hat Maria Revzina vor sieben Jahren Pionierarbeit geleistet. Es war der erste Ort in St. Petersburg, der mehr europäisch als russisch war, offen und international und mit gutem Service. Ein Lieblingscafé mit guter Musik und gutem Essen, von morgendlichem Porridge und Käsepfannkuchen, Vitamin-Salaten, frischen Säften zu Borschtsch und Boeuf Stroganoff am Abend. Manchmal warten die Leute 40 Minuten, um einen Platz auf einem der blauen Sofas zu bekommen und sich mit modernem Ostcharme umwehen zu lassen.

Aber aufgepasst: In den Ecken sitzen Plüschbären und der Tee wird in Teddybär-Tassen serviert. Doch ist die Atmosphäre warm und gemütlich und macht das Zoom trotz Stilbrüchen zu einem angenehmen Ort.

Adresse: Gorokhovaya Ulitsa 22, St. Petersburg
Tel: 007 812 4485001, Internet: www.cafezoom.ru
Öffnungszeiten: Montag – Freitag 9.00 – 24.00 Uhr,
Samstag 10.30 – 24.00 Uhr, Sonntag 12.00 – 24.00 Uhr

# RUSSIAN FISHING

Etwa 30 Minuten vom Stadtzentrum entfernt, findet sich ein Restaurant der besonderen Art: Im Russian Fishing fischen Sie selbst, was auf den Teller kommt. Schließlich ist das Angeln ein Volkssport der St. Petersburger, die nicht nur an einem großen Fluss leben, sondern auch von vielen Seen umgeben sind. Bei Fiegelman kann man dies nach Herzenslust tun. Hat man sich entschieden, ob man Sterlet, Stör oder Trout essen möchte, bekommt man eine Angel in die Hand gedrückt und wird zu einem der drei Teiche geführt. Dort kann man – umgeben von Grün und himmlischer Ruhe – solange die Seele baumeln lassen, bis einer angebissen hat. Eine halbe Stunde später hat man ihn dann auf dem Teller – gebraten, gegrillt oder geräuchert – und an schlichten Holztischen im russischen Landhausstil serviert. Frischer kann man seinen Fisch nicht essen und dazu köstliche Vorspeisen wie Hering im Pelz und Schti-Suppe. Es ist immer voll bei Russian Fishing, besonders natürlich im Sommer, wenn alle im Garten schlemmen und anschließend die Schnäpse probieren, die von Fiegelman selbst in dicken Apothekergläsern angesetzt werden. So wunderbar wie dort draußen und in den Wäldern drum herum ist durchaus auch der Weg dahin, wenn man die Stadt für ein paar Stunden hinter sich lässt und gegen schönstes Grün eintauscht. Stammgäste, zu denen russische Schauspieler und auch Putin gehören, tun dies immer wieder.

Russian Fishing  Adresse: Uznaya Doroga 11, Krestovsky Ostrov,
St. Petersburg  Tel: 007 812 3239813  Internet: www.russian-fishing.ru
Öffnungszeiten: Täglich 12.00 – 24.00 Uhr

«Поклёвочная»

Настойка из спелых вишен
собранных в бабушкином саду.

Рецепт 1923 года.

## Ein Gespräch mit Mihaly Fiegelman
Fischer und Besitzer des Russian Fishing

### Wie kamen Sie darauf, Ihre Gäste selbst fischen zu lassen?
Das lag für mich nahe, denn ich liebe das Fischen und auch das Biertrinken und im Russian Fishing kann man das wunderbar verbinden.
Am Anfang hatte ich nur eine kleine Hütte, in der ich gemeinsam mit meinen Freunden Fisch gegessen und Bier getrunken habe. Schon im zweiten Jahr war die Schlange der Wartenden so lang, dass ich angebaut habe.

### Dann sind Sie also immer hier?
Ja. Mein Restaurant ist mein Leben. Und seit ich das Restaurant Karl Friedrich gleich nebenan eröffnet habe, gibt es sowieso mehr als genug zu tun. Dazu betreibe ich jetzt auch noch eine eigene Brauerei, für mich natürlich die beste der Welt, in der nach dem deutschen Reinheitsgebot gebraut und das Bier in einem großen Biergarten ausgeschenkt wird.

### Täglich Fisch. Ist er Ihnen manchmal auch über?
Ganz und gar nicht. Es gibt so viele Möglichkeiten, Fisch zuzubereiten, dass er mir nie langweilig wird. Wenn ich natürlich vier Wochen lang nichts anderes als Fisch gegessen habe, dann habe ich schon mal das Bedürfnis nach einem Stück Fleisch. Danach esse ich aber wieder Fisch. Ist auch viel gesünder.

### Und wie mögen Sie Ihren Fisch am liebsten?
Am liebsten geräuchert und mit einem Meerrettich-Schnaps dazu. Der war meine erste Kreation, als ich vor ein paar Jahren damit angefangen habe, Wodka mit Beeren und Kräutern zu veredeln. Mittlerweile habe ich mir mehr als zehn Sorten ausgedacht und jedes Jahr kommt eine neue dazu. Der Meerrettich-Schnaps ist aber unter allen immer noch mein Favorit.

РУССКАЯ РЫБАЛКА
КАРТА БАРА
РЫБА ПОСУХУ НЕ ХОДИТ
РУССКАЯ РЫБАЛКА

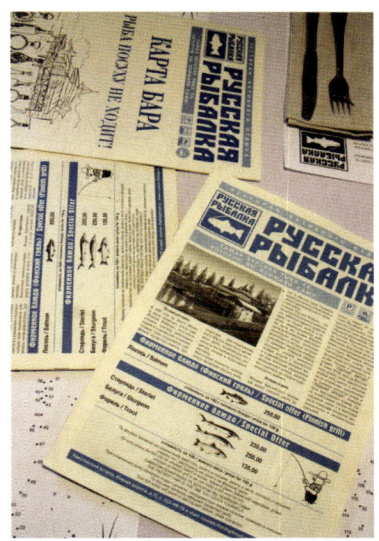

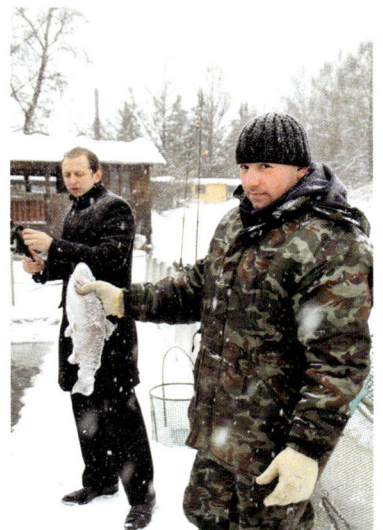

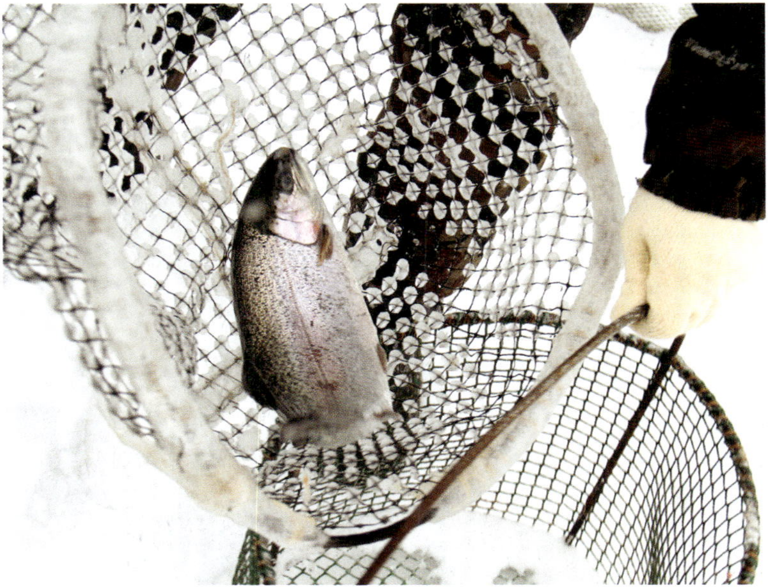

# Мансарда

ресторан

## MANSARDA

Der Ausblick ist die eigentliche Sensation im Mansarda. In dem gläsernen Restaurant ausgestattet von Dolce & Gabbana sitzt man auf Augenhöhe mit der Kuppel der barocken Isaakskathedrale und kann gleichzeitig über die Hausdächer von St. Petersburg schauen.

Auf den Mix unterschiedlicher Eindrücke setzt auch die Fusion-Küche, die dabei quer durch verschiedenste Nationalitäten führt. Vom Mansarda Salat mit Avocado, Obst und Beerendressing über Minestrone bis Pho Bo und zu Spaghetti Bolognese und Chicken Kiev findet sich ein kunterbuntes Durcheinander auf der Karte. Die St. Petersburger Hautevolee liebt das internationale Flair, das durch die Küche weht, genauso wie den ultramodernen Charme von Restaurant und Bar und führt dorthin mit Vorliebe ihre Pelzmäntel aus. Umschwärmt wird man dabei von einem Heer von Kellnern, das auf die leiseste Regung eines Wunsches reagiert. Das gehört zum Konzept der Ginza Group, die acht Restaurants in St. Petersburg führt, gemanagt von dem gerade mal 26-jährigen Alexander Belkovich.

Wollen Sie den Ausblick genießen, können Sie aber auch einfach nur auf einen Drink in die großzügigen Räume kommen, die ganz oben in einem Businesscenter liegen. Am schönsten aber ist ein Besuch im Sommer, wenn die einzigartige Terrasse des Mansarda geöffnet hat – und einem inmitten spektakulärer Architektur die Stadt zu Füßen liegt.

Mansarda Adresse: Pochtamtskaya Ulitsa 3/5, St. Petersburg
Tel: 007 812 9464303 Internet: www.ginza-mansarda.ru Öffnungszeiten:
Montag – Freitag 12.00 – 1.00 Uhr, Samstag und Sonntag 12.00 – 2.00 Uhr

# ARAGVI

Für authentisches georgisches Essen in St. Petersburg ist das Aragvi genau der richtige Ort. Denn hier steht Marina Davidovna am Herd. Die temperamentvolle Köchin mit Herz macht von den Füllungen bis zum Brot alles selbst und die Küche ist dabei ihre Bühne. So schick gekleidet, als würde sie eigentlich gleich ausgehen, knetet sie den Teig, würzt das Hackfleisch, wendet die Schaschlikspieße auf dem offenen Holzkohlegrill und bringt die Helden der georgischen Küche, zu denen Granatapfel, Petersilie, Koriander und Walnüsse gehören, im richtigen Moment zum Einsatz.

Genauso authentisch wie in der Küche geht es auch im Restaurant selbst zu, das von ihrem Sohn geführt wird. Nur ein paar Tische und Korbstühle stehen im Gastraum, Holzbalken verzieren die Decke, georgische Musik, die aus der Anlage tönt, erzeugt zusätzlich ein heimeliges Gefühl – ganz wie das Flüsschen Fontanka, das vor den Fenstern vorbeifließt.

Für das perfekte Geschmackserlebnis sollten Sie sich durch die kalten und warmen Vorspeisen probieren wie gefüllte Auberginen und Paprika, Pfannkuchen mit Hackfleisch oder das Huhn in Walnusssoße, denn die sind wirklich herausragend. Unbedingt sollten Sie auch Khachapury kosten, ein Fladenbrot mit Käse und Eiern. Bestellen Sie dazu ein Glas georgischen Wein, denn Georgien gehört zu den Ursprungsländern des Weinbaus und seine Weine haben eine lange Tradition.

Aragvi Adresse: Reki Fontanki 9, St. Petersburg
Tel: 007 812 5705643 Internet: www.aragvi.restoclub.ru
Öffnungszeiten: Täglich 12.00 – 1.00 Uhr

# Gefüllte Aubergine und Paprika

4 Portionen

Die Paprika und die Aubergine jeweils in 4 – 5 längliche Scheiben schneiden, mit Öl anbraten und dünsten, bis sie weich sind.

Für die Füllung die Zwiebeln und den Knoblauch in Öl goldbraun dünsten und abkühlen lassen. Die Walnüsse, die Gewürzmischung, den Essig und etwas Wasser dazugeben, pfeffern und alles gut vermischen. Am Ende die Hälfte der Granatapfelkerne untermengen.

Die Auberginen- und Paprika-Scheiben jeweils mit einem gehäuften Teelöffel der Nussmischung bestreichen und zusammenrollen.

Mit frischen Kräutern und den restlichen Granatapfelkernen servieren.

1 große Aubergine
1 große Paprika

Für die Füllung:
1 mittelgroße Zwiebel, gehackt
3 Zehen Knoblauch, gerieben
200 g Walnüsse, gemahlen
½ EL Hmeli Suneli (georgische Gewürzmischung, die man in russischen Lebensmittelläden bekommt)
1 Prise Pfeffer
2 EL Essig
etwas Wasser
½ Granatapfel (Kerne)
150 g frische Kräuter (Koriander, Dill, Basilikum), klein gehackt

# ·ПАЛКИНЪ·
*Restaurant de Luxe*

Das Palkin ist eine St. Petersburger Institution, die schon Dostojewski, Tschaikowski und Tschechow besucht haben. Bis heute weht das russisch aristokratische Gefühl der alten Zeiten durch den Saal mit seinen hohen Wänden, stuckverzierten Decken, pompösen Kronleuchtern und seiner Klaviermusik.

War das Palkin früher eher Brasserie, ist es heute am schönsten, dort zu Abend zu essen. Küchenchef Maxim Krylov serviert russisch aristokratische Küche mit französischen Einflüssen und Sie sollten als Vorspeise unbedingt Borschtsch bestellen. Für sein selbst kreiertes Rezept hat Krylov sich durch die verschiedenen Rezepte des Landes probiert und sie zu einem „Best of" zusammengefasst. Ein Highlight ist ebenfalls sein Millefeuille aus Jakobsmuscheln, gefrorenem Lachsmousse und rotem Kaviar, das ungewöhnlich und erfrischend ist.

Auf der Karte stehen aber auch Palkin-Klassiker, für die die Stammgäste immer wieder kommen. Darunter Teigtaschen vom Sibirischen Bären mit Meerrettich und Preiselbeeren, Kobe-Rind in Whisky flambiert und in Weißwein gebackener Stör mit Steinpilzen und Flusskrebs-Soße, ein Rezept, das noch aus dem Original-Kochbuch von Anisim Palkin stammt. Auf eine genauso lange Tradition blickt auch der Digestif Nalivka zurück, den Sie unbedingt probieren sollten. Den Wodka mit Beeren, Kräutern und Gewürzen, der eiskalt serviert wird, kreierte Palkins Großmutter.

---

Palkin  Adresse: Nevskiy Prospekt 47, St. Petersburg  Tel: 007 812 7035371
Internet: www.palkin.ru  Öffnungszeiten: Täglich 12.00 – 23.30 Uhr

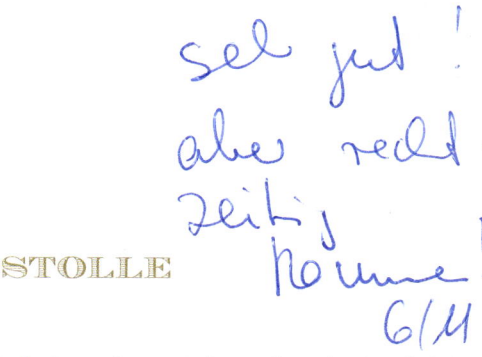

_sel jut !_
_abe recl -_
_Zeiti_
_komme !_
_6/11_

## STOLLE

Das Stolle liebt einfach jeder in St. Petersburg. Und zwar für seine köstlichen Piroggen, luftige Hefeteigkuchen, die salzig oder süß gefüllt sind und die man dort ganz unkompliziert zu jeder Tageszeit und in lebendiger einheimischer Atmosphäre genießen kann.

Besitzer Alexander Bordyug hat die Piroggen-Tradition aus dem 19. Jahrhundert wieder aufgegriffen und 2002 sein erstes Café eröffnet. Traditionell eingerichtet mit alten Petersburger Fotografien an den Wänden, mit originalen Rezepten – und benannt nach seiner Urgroßmutter Stolle. Mittlerweile gibt es insgesamt sieben Filialen über die Stadt verteilt, aber der Ablauf ist überall gleich. Bestellt wird am Tresen, wo einen, wenn man das Café betritt, die mit Blumen, Zöpfen und anderen Motiven liebevoll verzierten Piroggen sofort anlachen und wo am Wochenende die Gäste Schlange stehen. Was nehmen? … Lauch, Kohl, Steinpilze, Rind oder lieber süß mit Marillen? Die duftenden, ofenwarmen Teigstücke glücklich in den Händen haltend, muss man jetzt nur noch eine Nische im Café finden und sich auf einer der gemütlichen Lederbänke niederlassen.

Man kann im Stolle auch einen Borschtsch oder einen Salat Olivier à la carte bestellen, doch einzigartig bleiben die Piroggen.

Stolle  Adresse: Ulitsa Dekabristov 19, St. Petersburg
Tel: 007 812 7142571  Internet: www.stolle.ru
Öffnungszeiten: Täglich 9.00 – 21.00 Uhr

# ☞ Tea Room Kempinski

Im Tea Room des Kempinski Hotels, das direkt gegenüber der Eremitage liegt, sitzt man wie in einem gemütlichen Wohnzimmer mit Ohrensesseln, schweren Stoffen und antiken Tischen und mit weißem Porzellan von Imperial. Der deutsche Patisserie-Chef Thomas Saller zaubert hier jeden Nachmittag ein Buffet mit köstlichen Tartes, Pfannkuchen, Scones und Gurken-Sandwiches. Dazu muss man sich dann nur noch einen der erlesenen Tees auswählen, z. B. einen Pushkin oder einen Schwarzen Tee mit Bergamotte und Lemon – und dann ist der Nachmittag perfekt.

Adresse: Reki Moyki 22, St. Petersburg
Tel: 007 812 3359111
Öffnungszeiten: Täglich 15.00 – 19.00 Uhr, Preis: 22 Euro pro Person

 | РЫБА

## RIBA BAR

Die Riba Bar schwebt als Glaskasten in luftiger Höhe im Petersburger Industriegebiet und bietet einen fantastischen Blick auf den beleuchteten Fernsehturm. Obwohl erst 2007 eröffnet, erinnern ihr weiß und schwarz gelacktes Interieur und die dazu passende Loungemusik an eine Zeitreise in die Neunziger. Auf der Karte stehen nicht nur Longdrinks und Cocktails, sondern auch eine große Auswahl an europäischen Weinklassikern vor allem aus Italien. Diese sind eine besondere Vorliebe von Besitzer Aram Mnatsakanov, der nach dem Ende der Sowjetzeit den Weinhandel zwischen Italien und Russland aufgebaut hat, mit dem Ziel, eine Weinkultur in St. Petersburg zu etablieren. Begonnen hat er 2000 mit der kleinen Bar Probka (Korken), in der er Weine für Freunde ausgeschenkt und dazu Antipasti serviert hat.

Heute ist Probka eines der Gastronomie-Gruppen-Konzepte der Stadt mit mehreren italienischen Restaurants. So kann man auch im Restaurant Riba Pizza und Pastagerichte im Nebenraum der Bar genießen, auf Lederbänken sitzend im Licht der roten Lämpchen und umgeben vom Lichtermeer der Stadt. Besonders beliebt unter den Gästen sind das Vitello Tonnato oder die Pasta Siciliana.

Sie sollten jedoch keine klassische Wein- oder Cocktailbar erwarten, sondern mehr eine russische Interpretation des „la dolce vita".

Riba Bar  Adresse: Akademika Pavlova 5, St. Petersburg  Tel: 007 812 2345060
Internet: www.probka.org  Öffnungszeiten: Riba Bar: Täglich 16.00 – 1.30 Uhr,
Probka Restaurant: Täglich 11.00 – 24.00 Uhr

Imperial Porcelain

1744

St. Petersburg

## IMPERIAL

Zu einer stilechten russischen Teezeremonie in St. Petersburg gehört das passende Porzellan-Service von Imperial. Am besten im preisgekrönten, klassisch blau-weißen Kobalt-Netz-Dekor.

1744 von der Zarin Elisabeth II., der Tochter Peter des Großen, gegründet, produziert die Porzellanmanufaktur die gesamte Kollektion in traditionellem Verfahren und in feinster Handarbeit. Die Zusammensetzung des Porzellans ist ein Geheimnis und allein um eine Teetasse herzustellen, sind 80 Arbeitsschritte notwendig. Über 4.000 Imperial-Produkte sind heute auf dem Markt – vom Kaffee-Service mit russischen Ballettmotiven bis zu modernen Schalen von jungen heimischen Designern, Skulpturen, Figuren und Souvenirs. Von traditionellen Mustern, schlichten Dekors bis zu aufwendigen Zeichnungen, die kleine Kunstwerke sind, passt Imperial zu verschiedenen Anlässen. Zum 300. Geburtstag von St. Petersburg 2003 waren selbstverständlich alle Tische des russischen Staatsbanketts mit Porzellan von Imperial eingedeckt.

Damit Sie nicht lange suchen müssen, gibt es praktischerweise von Imperial-Porzellan gleich mehrere Geschäfte über die Stadt verteilt. Der schönste und älteste Laden befindet sich in der Vladimirskaja. Ein kleiner Shop befindet sich auch in der Passage des Grand Hotels.

Und wer denkt, er müsse für ein Imperial-Mitbringsel ein Vermögen ausgeben, irrt! Eine Espresso-Tasse im Kobalt-Netz-Dekor kostet unter zehn Euro.

Imperial  Adresse: Vladimirskiy Prospekt 7, St. Petersburg
Tel: 007 812 7131513  Internet: www.ipm.ru
Öffnungszeiten: Täglich 10.00 – 21.00 Uhr

# ☞ Hinter den Kulissen

Wer einmal hinter die Kulissen von Imperial blicken möchte, der kann die Produktion der Porzellanmanufaktur besuchen. Bei einem Rundgang durch die einzelnen Räume mit Sowjetcharme lassen sich die verschiedenen Arbeitsschritte vom weißen Rohling bis zur fertig bemalten Vase bewundern. Dabei können Sie ausdauernden, akribischen Porzellanmalerinnen über die Schulter schauen und jeden einzelnen Pinselstrich verfolgen – und anschließend die Meisterwerke im Ladengeschäft im Erdgeschoss kaufen.

Manufaktur: Prospekt Obukhovskoy Oborony 151, St. Petersburg
Tel: 007 812 3261743, Öffnungszeiten: Täglich 10.00 – 19.00 Uhr

# ☞ Kusnetschny Rynok

Jedes Viertel in St. Petersburg hat seinen eigenen Bauernmarkt, doch der Kusnetschny Rynok ist der älteste und schönste unter ihnen. Betritt man die große, weiß geflieste Halle von 1927, ist man sogleich von ihrem morbiden Ostcharme und dem bunten Markttreiben bezaubert.

Auf den Tischen türmen sich kunstvoll gestapelte Obstpyramiden aus Granatäpfeln, Trauben und Pfirsichen aus dem Süden zwischen heimischen Gemüsen, sauren Gurken, Fleisch, Fisch, Milchprodukten, Waldhonigen aus der Umgebung und getrockneten Aprikosen aus Usbekistan. Präsentiert von russischen Marktfrauen in weißen Kittelschürzen und gewogen auf Einheitswaagen, die an die Sowjetzeit erinnern, in der es von jedem Produkt nur eine Ausführung gab. Es lohnt sich, früh zu kommen, wenn die Produkte gerade frisch aufgebaut sind, der Markt bereits in vollem Gange und die Atmosphäre am authentischsten ist.

Tipp: Zwischen der Wladimir-Kirche und dem Dostojewski-Museum gelegen, lässt sich ein Marktbesuch auch wunderbar mit einer kulturellen Aktion verbinden. Sei es, dass Sie einen Blick in die prachtvoll gelb-weiße Barockkirche mit ihren fünf Zwiebeltürmen werfen oder Dostojewskis letzte Wohnung besichtigen, in der er auch „Die Brüder Karamasow" geschrieben hat und die restauriert und zu einem Museum umfunktioniert wurde.

Adresse: Kusnetschny Pereulok 3, St. Petersburg
Öffnungszeiten: Montag – Samstag 9.00 – 20.00 Uhr, Sonntag 9.00 – 19.00 Uhr

## SMART
### TRAVELLING

St. Petersburg ist groß, darum ist dieser Infoteil so klein. Hier erfahren Sie nicht alles und jedes, sondern genau das, was Sie für ein perfektes Wochenende brauchen. Wenige, aber genau die richtigen Informationen: Wissenswertes über die Petersburger Lebensart, eine kleine subjektive Auswahl an Sehenswürdigkeiten, Spaziergängen und Tipps für Ausflüge. Dazu einen Stadtplan mit unseren Lieblingsadressen, damit Sie nicht lange suchen müssen, sondern gleich anfangen können, St. Petersburg zu genießen.

## BEEINDRUCKENDE ARCHITEKTUR

Das Gesicht St. Petersburgs ist nicht nur von verschiedenen Baustilen geprägt, sondern auch einige berühmte Baumeister machten die Stadt zu einer architektonischen Perle. Schon auf kurzer Strecke durch die Petersburger Innenstadt lassen sich schönste Barockkirchen, klassizistische Paläste und mit Jugendstildetails kunstvoll verzierte Gebäude bestaunen.

### Petersburger Barock

Prunkvolle Paläste, farbenprächtige

Fassaden, geschwungene Brücken mit kostbaren Verzierungen, vergoldete Kuppeln, die sich in den Kanälen spiegeln.

Die schönsten unter ihnen wurden zu Zeiten von Zar Peter dem Großen und seiner Tochter Elisabeth vom italienischen Architekten Bartolomeo Francesco Rastrelli erbaut:

– Smolnyj-Kloster mit Kathedrale
– Winterpalast
– Stroganow-Palast
– Peterhof
– Katharinenpalast in Zarskoje Selo

## Klassizismus

Mit Katharina der Großen hatte der Barock als Baustil in St. Petersburg ausgedient und wurde durch Bauwerke abgelöst, die vor allem Schlichtheit, Eleganz und eine gewisse Strenge ausstrahlten. Bekannte Architekten aus dieser Zeit waren Iwan Starow und Giacomo Quarenghi, der Lieblingsarchitekt von Katharina der Großen, und später Carlo Rossi, der den Auftrag bekam, die Macht und Größe Russlands, die St. Petersburg in dieser Zeit maßgeblich prägten, in der Baukunst auszudrücken. Ein gelungenes Beispiel dafür ist die nach ihm benannte Rossi-Straße mit einer Länge von 220 Metern und einer Breite

von 22 Metern. Flankiert wird sie von 22 Meter hohen Gebäuden mit 2,20 Meter hohen Fenstern.

Eine Auswahl der schönsten und bedeutendsten klassizistischen Bauwerke, die man gesehen haben sollte:

– Marmorpalast
– Große Eremitage
– Mariinsky Theater
– Schlossplatz
– Rossi-Straße
– Michailowski-Palast mit dem Russischen Museum

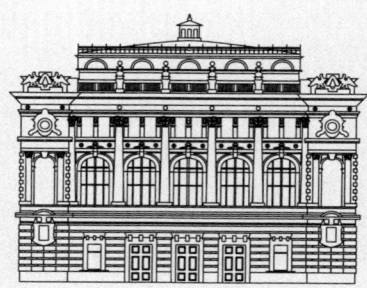

## Jugendstil

Zu den bedeutendsten Architekten des Petersburger Jugendstils zählt Fjodor Lidval, der das Astoria Hotel am Isaaksplatz baute. Auch im Grand Hotel Europe stammt ein Teil des Interieurs wie der Lidval-Saal von ihm. Die meisten Bauten aus dieser Zeit finden sich auf der Petrograder Seite, wo teilweise ganze Straßenzüge im Jugendstil erbaut wurden. Beispiele für beeindruckende Jugendstilbauten auf dem Nevskiy Prospekt mit kunstvollen Schmuckdetails, geschwungenen Elementen und Buntglasfenstern sind das Haus des Buches (Dom Knigi) mit dem Café Singer im ersten Stock und das ehemalige Handelshaus und Delikatessengeschäft der Familie Jelissejew in Nummer 28 und 56.

## MUSEEN & RUSSISCHE KUNST

### Russisches Museum

Mit seinen fast 400.000 Kunstwerken aus der tausendjährigen Geschichte Russlands ist das Museum neben der Eremitage das bedeutendste Kunstmuseum in St. Petersburg. Die Sammlung umfasst Ikonen aus dem 11. Jahrhundert, riesige Wollgobelins und Mosaike von Lomonossow aus dem 18. Jahrhundert und bedeutende Werke des großen russischen Malers Karl Brüllow, die im gleichnamigen Saal präsentiert werden. Berühmt sind „Die Wolgatreidler" von Ilja Repin, Marc Chagalls „Der Spaziergang", „Komposition Nr. 223" von Wassily Kandinsky sowie unzählige Gemälde der Avantgarde-Malerei des 20. Jahrhunderts, die zu Sowjetzeiten nicht gezeigt werden durften. Die Sammlung ist ein wichtiges, russisches Kulturerbe, das sich neben dem Hauptgebäude, dem Michailowski-Palast, noch auf drei weitere Paläste, den Stroganow-Palast, das Michailowski-Schloss und den Marmorpalast verteilt. Besonders sehenswert im Michailowski-Palast ist der Weiße Saal, der ein architektonisches Meisterwerk des russischen Klassizismus ist und von Carlo Rossi erbaut wurde.

Bedeutende zeitgenössische Kunstwerke des Russischen Museums hängen auch im Marmorpalast, u.a. von Pablo Picasso, Jeff Koons, Andy Warhol, Joseph Beuys, Ilya Kabakov und Jörg Immendorff.

Genauso interessant wie die Sammlung ist auch die Bausubstanz des kostbaren Palastes, die aus mehr als 30 Sorten Marmor und Granit aus sibirischen, finnischen, italienischen und griechischen Steinbrüchen besteht.

Michailowski-Palast
2 Griboyedova Kanala

www.rusmuseum.ru
Montag 10.00–16.00 Uhr,
Mittwoch–Sonntag 10.00–17.00 Uhr

Marmorpalast
Millionnaya Ulitsa 5/11
Tel: 007 812 3129196
Montag 10.00–16.00 Uhr, Mittwoch–
Sonntag 10.00–17.00 Uhr

## Erarta Museum

Das im Sommer 2010 eröffnete Museum für Gegenwartskunst Erarta ist mit über 2.000 Kunstwerken auf fünf Etagen das größte private Museum in Russland. Gezeigt werden Gemälde, Fotografien, Skulpturen und Installationen von der Nachkriegskunst bis in die Gegenwart. Dort sind 140 russische und internationale Künstler vertreten, darunter Meisterwerke

von Alexander Schurawljow und seinen Nachfolgern wie das Mosaikporträt von Peter I. Zu Erarta gehört ebenfalls die Galerie of Contemporary Art, in der man die ausgestellten Kunstwerke auch käuflich erwerben kann.

2 Line 29, Vasilyevsky Island
Tel: 007 812 3240809
www.erarta.com
Täglich 10.00–22.00 Uhr,
Mittwoch geschlossen

## Novy Museum

Ein weiteres privates Museum von Sammler Aslan Chekhov mit einer kleinen und handverlesenen Auswahl an zeitgenössischer Kunst und mit besonderem Fokus auf Kunstwerken aus der Sowjetzeit (Soviet underground) und den bekanntesten russischen Avantgarde-Künstlern.
Hier werden interessante Arbeiten der Künstlergruppen „Lianozovskaya", „Gazonevskaya Culture" und „Sretenskaya" genauso wie Einzelwerke von Dmitri Krasnopevtsev, Leo Kropivnitsky, Lidia Masterkova und Mikhail Shvartsman gezeigt.

29, 6th Line V.O.
Metro: Vasileostrovskaya
Tel: 007 812 3235090

Auf den Spuren von Katharina der Großen

Die Eremitage mit ihrer grün-weißen, reich geschmückten Barock-fassade mit viel Stuck und Gold ist nicht nur das imposanteste Ge-bäude der Stadt, sondern wohl auch das größte Museum der Welt. Gönnen Sie sich einen ganzen Nachmittag im Winterpalast. Schon allein die wunderbar prunkvollen Salons mit ihren gemusterten Parkettböden, schweren Kristallleuchtern und bemalten Stuck-decken sind ein Genuss und bilden eine imposante Kulisse für die Kunstsammlung mit mehr als 60.000 Werken. Schnell fühlt man sich selbst wie ein Zar, wenn man durch die Säle spaziert und dabei Kunst auf Weltniveau aus der persönlichen Sammlung von Katha-rina der Großen genießt. Haben Sie nur 1–2 Stunden Zeit, sollten Sie gleich über die beeindruckende Rastrelli-Treppe hinaufgehen und im ersten Stock beginnen. Hier befinden sich die prachtvollsten Säle und eine unvergleichliche, ausgewählte Sammlung italie-nischer Renaissance-Kunst. Insgesamt gehören aber neben dem Winterpalast noch vier weitere Paläste voller Kunst zur Eremitage.

Winterpalast, Dworzowaja Nabereschnaja 34, Tel: 007 812 7109079 www.hermitagemuseum.org, Dienstag–Samstag 10.30–18.00 Uhr, Sonntag bis 17.00 Uhr, Montag geschlossen

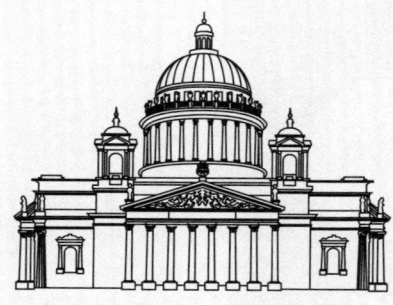

## Isaakskathedrale

Die Isaakskathedrale, ein Meisterwerk des französischen Baumeisters Auguste de Montferrand, ist die prächtigste Kirche St. Petersburgs. 1818 wurde sie von Zar Alexander I. in Auftrag gegeben, doch mehr als 40 Jahre dauerten die Bauarbeiten bis zur Fertigstellung an. Ihr Fundament steht auf Tausenden von Baumstämmen und mit der gigantischen Goldkuppel von 26 Metern Durchmesser dominiert die Isaakskathedrale die Silhouette der Stadt. Prunkvoll ist auch ihr Inneres. Hier schmücken Halbedelsteine und Marmormosaike die Wände. Die Decken sind mit Gemälden von Brüllow und Bruni verziert und über 10.000 Menschen finden hier Platz zum Gottesdienst. Steigt man die 562 Stufen zu den Ko-

lonnaden unter der mattgoldenen Kuppel hinauf, kann man auf den harmonisch anmutenden Isaaksplatz mit dem Reiterdenkmal von Nikolaus I. blicken und wird mit einem großartigen Rundblick auf St. Petersburg belohnt.

Isaakjewskaja Pl. 1
Täglich 11.00–19.00 Uhr,
Mittwoch geschlossen
Messe: 6.30 und 9.30 Uhr

## Kasaner Kathedrale

Direkt am Nevskiy Prospekt befindet sich diese herrschaftlich anmutende Kathedrale und sie zählt neben der Isaakskathedrale zu den gewaltigsten und eindrucksvollsten Kirchen in St. Petersburg. Geplant war sie als Kopie des römischen Petersdoms auf Wunsch von Zar Paul I., der nach einem Besuch in Rom davon so fasziniert war, dass er ein ähnliches Bauwerk auch in seiner Stadt besitzen wollte. Am Ende ist dem Baumeister Andrej Woronichin jedoch ein Glanzstück des russischen Klassizismus gelungen.
Erbaut wurde die Kathedrale für die Gottesmutter von Kasan, eine der wichtigsten Ikonen der rus-

sisch-orthodoxen Kirche aus dem 16. Jahrhundert. Im Inneren ist das Museum für Religionsgeschichte untergebracht und im Seitenflügel finden regelmäßig russisch-orthodoxe Gottesdienste statt. Besonders beliebt bei den Petersburgern ist der Gottesdienst am Sonntagmorgen. Der große Platz vor der Kasaner Kathedrale lädt mit seinen Bänken unter schattigen Bäumen zum Innehalten und einer kleinen Pause ein.

Kasanskaja Pl. 2, Nevskiy Prospekt
Täglich 11.00–18.00 Uhr,
Mittwoch geschlossen

## Auferstehungskirche

Die Auferstehungskirche ist die farbenprächtigste Kirche in St. Petersburg. Biegt man vom Nevskiy Prospekt an der Uferstraße vom Griboyedova Kanal ab, wird man sofort von ihrer Erscheinung mit den für St. Petersburg untypischen Zwiebeltürmen und den reich verzierten Mosaiken angezogen.

Errichtet wurde die Auferstehungskirche nach dem Vorbild der Basilius-Kathedrale in Moskau. Sie sollte ein Andenken an den Zaren Alexander II. sein, der im Jahr 1881 an dieser Stelle ermordet wurde. Deshalb ist sie auch als Blutskirche oder Erlöserkirche bekannt.

Obwohl sie ursprünglich als Gotteshaus entworfen wurde, diente sie nie sakralen Anlässen und wurde als Konzerthalle, Theater und Museum genutzt.

Griboyedova Kanala
Freitag–Dienstag 11.00–18.00 Uhr

## St.-Nikolaus-Kathedrale

Die schönste Barockkirche der Stadt ist diese hellblau-weiße Kathedrale mit ihren fünf Goldkuppeln und dem abseits stehenden Glockenturm. Im Inneren beeindruckt sie mit ihren reichen Gold- und Stuckverzierungen und einer prächtigen Ikonostase aus dem 18. Jahrhundert mit der Hauptikone des Heiligen Nikolaus. Beeindruckend ist auch ihre Lage: idyllisch an einem kleinen Park mit Holzbänken und schattenspendenden Bäumen und umrahmt vom Wasser der Griboyedova- und Krjukow-Kanäle. Eine Oase der Ruhe und Beschaulichkeit, in deren Umgebung schon der hoffnungslose Träumer aus Dostojewskis Liebesgeschichte „Weiße Nächte" seine nächtlichen Streifzüge unternommen hat. Die Nikolaus-Kathedrale war eine der wenigen Kirchen, die zu Zeiten der ehemaligen Sowjetunion nicht geschlossen oder zweckentfremdet wurde.

Rimskogo-Korsakowa Prospekt
Metro: Sennaja Plaschad
Täglich 6.00–21.00 Uhr
Messe: 10.00 und 18.00 Uhr

## ALEXANDER-NEVSKIY-KLOSTER MIT FRIEDHÖFEN

Das Alexander-Nevskiy-Kloster gehört zu den ältesten architektonischen Ensembles in St. Petersburg und wurde bereits 1710 unter Peter dem Großen begonnen. Da die Bauarbeiten bis zum Ende des 18. Jahrhunderts andauerten, kann man in der gesamten Anlage Elemente verschiedener Epochen finden. Den Mittelpunkt bildet die Dreifaltigkeitskathedrale, die im frühklassizistischen Stil erbaut und mit viel Marmor und Achat ausgestattet wurde. In ihr werden die sterblichen Überreste von Alexander Nevskiy, dem heiligen Schutzpatron der Stadt aufbewahrt.

An dem schmalen Weg, der vom Eingangstor zu den Klostergebäuden führt, liegen die beiden Friedhöfe mit kunstvollen Gräbern bekannter Petersburger Persönlichkeiten.

Auf dem Lazarus-Friedhof wurde u. a. der Wissenschaftler Lomonossow beigesetzt, ebenso die großen Architekten der Stadt Carlo Rossi, Giacomo Quarenghi, Thomas de Thomon und Andrej Woronichin. Auf dem Tichwiner Friedhof, der auch „Nekropole der

Künstler" genannt wird, ruhen die Literaten Dostojewski und Schukowski, die Komponisten Glinka, Mussorgski, Tschaikowski, Rimski-Korsakow und der Ballettmeister Marius Petipa.

Alexander-Nevskiy-Platz
Täglich 6.00–17.00 Uhr
Friedhöfe täglich außer Donnerstag
9.30–17.00 Uhr

## BOOTSTOUR DURCH DIE KANÄLE

Ein besonderes Erlebnis ist eine Bootsfahrt auf den Flüssen und Kanälen der Stadt. Vom Wasser aus eröffnen sich ganz neue Blicke und Perspektiven auf das „Venedig des Nordens". An allen Nevskiy-Brücken kann man in ein Boot steigen und entspannt über die Kanäle fahren. Die Fahrt geht unter eleganten Brücken hindurch, die zum Teil im Sommer noch von Hand hochgezogen werden. Vorbei an klassizistischen Palästen mit einem atemberaubenden Blick auf die Peter-und-Paul-Festung und die Isaakskathedrale fährt man durch den berühmten Eremitage-Bogen in den Winterkanal. Perfekt, um in entspannter Atmosphäre einen Überblick über die wichtigsten Sehenswürdigkeiten der Stadt zu bekommen.

Tipp: Möchten Sie St. Petersburg ganz individuell und auf eigene Faust erkunden, können Sie für 30 bis 50 Euro pro Stunde auch ein kleines Motorboot mieten und Ihre Route selbst bestimmen.

Anlegestellen: an einer der Nevskiy-Brücken
Abfahrt: alle 15 Minuten, ca. 1 Stunde
Mai bis Oktober

## RUSSISCHES BALLETT & MARIINSKY THEATER

Das Mariinsky Theater ist die Wiege der aristokratischen Ballettkunst in Russland und eines der bekanntesten Opern- und Balletthäuser der Welt. Hier feierten viele bedeutende, russische Opern und Ballette ihre Premiere, u.a. Tschaikowskis Werke „Pique Dame" und „Der Nussknacker" oder „Boris Godunow" von Mussorgski. Wenn Sie während Ihres St.-Petersburg-Besuches eine erstklassige Ballett- oder Operninszenierung auf höchstem Niveau und in Originalsprache erleben möchten, sollten Sie unbedingt Karten im Mariinsky Theater für ein klassisch russisches Ballett wie „Schwanensee" oder „Der Nussknacker" reservieren.

Ein architektonisches Highlight ist der Saal. Er beeindruckt durch strahlend weiße Skulpturen, schimmerndes Gold, hellblaue Samtpolster, den imposanten Kristalldeckenleuchter und den einzigartigen Vorhang, das Symbol des Mariinsky Theaters. Dieser wurde 1914 von Alexander Golowin in dunkelrot gestaltet und später an das hellblaue Auditorium angepasst.

Ein wunderschöner Kontrast zum prunkvollen Theatersaal ist die Cafeteria im Ost-Charme-Ambiente, in der Sie in der Pause ein Glas sowjetischen Krimsekt trinken sollten.

Teatralnaja Pl. 1
Tel: 007 812 3264141
www.mariinsky.ru

----

## WEISSE NÄCHTE

----

Einen ganz besonderen Zauber entfaltet St. Petersburg von Anfang Juni bis Mitte Juli zur Zeit der „Weißen Nächte", wenn es mehr als 20 Stunden hell ist. Das surreale Licht verleiht der Stadt eine magische Stimmung und versetzt die Petersburger in euphorische Stimmung. Dann scheinen die Perspektiven zu verschwimmen, die schillernden Fassaden der Paläste spiegeln sich im silbrigen Wasser und wirken wie ein gigantisches Bühnenbild.

Nach dem langen, harten Winter ist dann die ganze Stadt Tag und Nacht in Bewegung, man spaziert am Kanal entlang, flaniert auf dem Nevskiy Prospekt, tanzt und feiert.

Regelmäßig zu den Weißen Nächten veranstaltet das Mariinsky Theater ein hochkarätiges Ballett- und Theater-Festival und im Rahmen des Filmfestes werden internationale Filme gezeigt.

Während der Weißen Nächte werden auch die Brücken nachts für ein paar Stunden hochgezogen, damit große Schiffe ungehindert hindurchfahren können, dann sollte man möglichst nicht auf der falschen Seite stehen.

Buchtipp: Das silbrige Glühen der Stadt im Sommer hat auch schon

Dostojewski begeistert. Auf einfühlsame Weise beschreibt er in „Weiße Nächte" eine beginnende Liebesgeschichte, die im Petersburg des 19. Jahrhunderts spielt und von der stillen Begegnung eines hoffnungslosen, einsamen Träumers und einer jungen, unglücklichen Frau erzählt.

## JOGGEN

Wer im Zentrum von St. Petersburg joggen möchte, kann eine ca. drei Kilometer lange Joggingroute vom Platz der Künste zum Griboyedova Kanal und am Ufer entlang bis zur Auferstehungskirche nehmen. Von dort führt ein Tor in den Michailowski-Park, in dem man eine weitere Runde drehen kann oder noch weiter bis zum Sommergarten läuft.

Perfekt zum Joggen, aber nicht so zentral gelegen sind auch die Inseln im Norden der Stadt.

## RUSSISCHE KÜCHE

Die russische Küche hat eine lange Tradition und in ihren Rezepten, die von einfachen Gemüsesuppen bis zu feinen, französisch inspirierten Hauptspeisen reichen, spiegelt sich die Vielfalt der verschiedenen Regionen zwischen Ostsee und Himalaya wieder.

Typische Gerichte wie Borschtsch, Bliny und Boeuf Stroganoff mischen sich mit regionalen Spezialitäten aus Armenien, Georgien, der Ukraine oder Sibirien.

Der Einfluss der französischen Küche ist Ende des 19. und Anfang des 20. Jahrhunderts entstanden, als es zum guten Ton des russischen Adels gehörte, einen französischen Koch zu beschäftigen. Bis heute ist dieser

Einfluss auf den Karten der Petersburger Restaurants zu finden.

Russische Spezialitäten, die man einmal probieren sollte:

Borschtsch – eine traditionelle Suppe mit leuchtend roter Farbe, die klassisch mit Roten Beten, Weißkohl und Rindfleisch zubereitet wird. Dennoch hat jede russische Hausfrau ihr eigenes Borschtsch-Rezept. Darüber hinaus gibt es auch Variationen wie Borschtsch mit Fisch, grüne Borschtsch-Suppe mit Sauerampfer oder eiskalten Borschtsch im Sommer, der statt mit Fleisch mit Gurken und Radieschen serviert wird.

Boeuf Stroganoff – ein Ragout aus Rinderfiletspitzen, Schalotten und saurer Sahne oder Schmand, das nach der russischen Adelsfamilie Stroganoff benannt ist. Seine erste Erwähnung hat es 1861 in dem russischen Kochbuch „Ein Geschenk für junge Hausfrauen" von Elena Molochowetz.

Pelmeni – ein russisches Nationalgericht, das aus Sibirien stammt und eine beliebte, wärmende und sättigende Speise von Kutschern auf langen Reisen durch das riesige kalte Land war. Die in Wasser oder Brühe gekochten und mit Fleisch gefüllten Teigtaschen werden als Suppeneinlage oder als Hauptgericht gegessen und traditionell mit Schnittlauch und Smetana (Schmand) serviert.

Bliny – goldgelb gebackene Pfannkuchen mit Hefe und Buchweizen, die oft gefüllt serviert werden oder zusammengefaltet in saure Sahne getunkt.

Piroggen – größere, mit der Hand zu essende, gefüllte Teigtaschen aus Hefe-, Blätter- oder Nudelteig. Sie können mit Hackfleisch, Pilzen, Weißkohl und Lauch gefüllt sein, aber man isst sie auch zum Tee mit einer süßen Obstfüllung.

Kaviar – gereinigter und gesalzener Rogen verschiedener Stör-Arten, die im Schwarzen, Asowschen oder Kaspischen Meer gefangen werden. Zu den Edelsorten gehören Beluga, Ossietra und Sevruga. Beluga Kaviar aus dem Kaspischen Meer ist der feinste und teuerste Kaviar der Welt und mit 3,5 Millimeter Durchmesser auch der größte.

Salat Olivier – benannt nach dem französischen Koch Olivier, der den beliebten Salat aus mit Mayonnaise angemachtem Gemüse wie Kartoffeln, Möhren, Erbsen, Gurken, Zwiebeln und gekochtem Fleisch erfunden hat.

Tee – ein russisches Nationalgetränk, das seit dem 16. Jahrhundert über die Seidenstraße aus China nach Osteuropa seinen Weg machte. Traditionell wird ein kräftiger Extrakt aufgebrüht und mit sprudelndem Wasser aus dem Samowar verdünnt. Zum Tee wird gern Warane, eine selbst gemachte Marmelade, auf kleinen Tellerchen serviert, die entweder pur gegessen oder im Tee aufgelöst wird.

## WODKA

Wodka, heißt so viel wie „Wässerchen" und ist Teil der russischen Kultur. Der aus Getreide hergestellte 40-prozentige Alkohol hat schon bei prunkvollen Festen russischer Zaren nicht gefehlt und kam in kostbaren Silber- oder Goldgefäßen auf die Festtafel.

Neben gewöhnlichen Wodka-Sorten wie Flagman gibt es auch besonders edle und teure Tropfen aus handverlesenem Weizen, mehrfach destilliert und in Flaschen abgefüllt, die an Parfümflakons erinnern und mit Silberetiketten verziert sind.

Ein feiner Wodka ist Kauffman, der nur einmal pro Jahr in einer Destillation handverlesenen Weizens in einem patentierten Verfahren hergestellt und wie Wein jahrgangsweise abgefüllt wird. Besonders exklusiv ist der 2005er Jahrgang, ein Vintage-Wodka, von dem nur 25.000 Flaschen abgefüllt wurden. Hergestellt aus allerbestem Weizen von 2003, bis zur absoluten Reinheit gefiltert und weich und harmonisch im Geschmack mit einem außerge-

wöhnlichen Duft von frischgebacke-
nem Brot und feinen Gewürzen.

Wie Sie auf russische Art Wodka
trinken sollten:

1. Wodka wird zu einem Anlass und
immer in Gesellschaft getrunken.
Wer Wodka alleine trinkt, gilt als
trinksüchtig.
2. Greifen Sie nur zu qualitativ hoch-
wertigem Wodka.
3. Traditionell wird reiner Wodka
dem aromatisierten vorgezogen.
Wichtig: Eine geöffnete Flasche,
sollte auf jeden Fall ausgetrunken
werden.
4. Die ideale Wodka-Temperatur liegt
zwischen fünf und sieben Grad,
denn extremere Temperaturen über-
lagern den natürlichen Geschmack
eines guten Wodkas.
5. Wodka wird in kleinen 5 cl Glä-
sern serviert.
6. Während eines Trinkspruchs er-
hebt man sein Wodka-Glas und hält
es so lange, bis der Trinkspruch zu
Ende ist, egal, wie lange er dauert.
7. Wodka wird normalerweise in
einem Zug geleert und erst dann
wird das Wodka-Glas wieder auf
den Tisch gestellt. Gourmets trinken einen guten Wodka in kleinen
Schlückchen und lassen seinen fei-

nen Geschmack auf der Zunge zerge-
hen.

Wer tiefer in die Geschichte und
Herstellung des Wodkas einsteigen
möchte, kann dies in dem kleinen
Wodka Museum tun und anschließend im angeschlossenen Restaurant Russkaja Rjumotschnaja in
gemütlich-nostalgischer Atmosphäre und mit der größten Wodka-Aus-
wahl der Stadt den ein oder anderen
Wodka probieren.

*Kauffman*

Wodka Museum
Konnogwardejskij Boulevard 4
Tel: 007 812 3123416
Täglich 11.00 – 22.00 Uhr

Russkaja Rjumotschnaja
Konnogwardejskij Boulevard 4
Tel: 007 812 5706420
Täglich 12.00 – 24.00 Uhr

## Peterhof

Das „russische Versailles" beeindruckt mit seinem herrschaftlichen Sommerpalast, der weitläufigen Parkanlage, den sprudelnden Fontänen und den goldenen Brunnenfiguren und ist die älteste und schönste Zarenresidenz. Die Pläne dafür hat Peter der Große selbst entworfen und damit die besten italienischen und französischen Architekten beauftragt. Schließlich war der Peterhof sein „Fenster zu Europa", dessen Architektur unbedingt mit Versailles mithalten sollte.

Am schönsten ist die Anfahrt mit dem Boot über den Finnischen Meerbusen, denn vom Wasser aus bietet sich der beste Blick auf den Peterhof samt Großem Palast und kunstvollem Park. Werfen Sie unbedingt auch einen Blick in den Großen Palast mit seinen prunkvollen Innenräumen, den Thronsaal Peter des Großen oder das Weiße Speisezimmer. Ein interessanter Kontrast ist der kleine Palast Monplaisir im schlicht holländischen Stil, den sich der Zar direkt ans Ufer hat bauen lassen.

Tipp: Wenn Sie die Schönheit des Peterhofes in aller Ruhe genießen möchten, sollten Sie unter der Woche kommen. An den Wochenenden ist der Peterhof meistens maßlos überfüllt.

Petrodvoretz, ca. 30 km südlich von St. Petersburg
Anfahrt: mit dem Zug von Baltiski Bahnhof bis Nowy Peterhof oder mit dem Boot von der Anlegestelle Eremitage über den Finnischen Meerbusen. Fahrzeit ca. 30 Minuten
www.peterhofmuseum.ru
Mai – September: Dienstag – Sonntag 9.00 – 19.00 Uhr (Park),
10.30 – 17.00 Uhr (Großer Palast),
Montag und jeden letzten Dienstag im Monat geschlossen

## Zarskoje Selo

Der Prunk und die Schönheit des Katharinenpalastes in Zarskoje Selo verschlagen einem regelrecht den Atem. Mit seiner über 300 Meter langen lasurblauen Barockfassade, den weißen Säulen der Palastkirche mit ihren fünf Kuppeln und den reichen Goldverzierungen bildet der Palast ein Meisterwerk der russischen Baukunst. 1752 wurde er von der Zarin Elisabeth in Auftrag gegeben und vom Architekten Rastrelli erbaut. Im Innern beeindruckt der Große Saal mit einem einzigartigen Zusammenspiel aus Gold, Spiegeln und dem Licht, das durch die Fenster fällt. Er gehört zu den größten und prunkvollsten Ballsälen Europas.

Legendär ist das Bernsteinzimmer, in dem die alte Barockpracht wieder auflebt und Bernstein in honiggelben bis haselnussbraunen Tönen glänzt – und das in seiner originalgetreuen Rekonstruktion des verschollenen Bernsteinzimmers gerne als achtes Weltwunder bezeichnet wird.

Der Dichter Alexander Puschkin hat hier die Eliteschule besucht und seine ersten Gedichte geschrieben. Ihm zu Ehren trägt die Zarenresidenz seit seinem 100. Todestag im Jahre 1937 den Namen „Puschkin". Im rechten Flügel des Katharinenpalastes befindet sich das Lyzeum mit dem Puschkin Museum. Umgeben ist der Katharinenpalast von einem beeindruckenden Ensemble aus romantischen Landschaftsgärten, zahlreichen Teichen, Skulpturen und Pavillons.

Zarskoje Selo, ca. 25 km südlich von St. Petersburg

Anfahrt: mit dem Zug vom Witebsker Bahnhof bis Detskoje Selo, Bus 371 oder 382 nach Zarskoje Selo

Katharinenpalast
Sadovaya Ulitsa 7
www.tzar.ru
Mittwoch–Montag 10.00–17.00 Uhr, letzter Montag im Monat geschlossen

Puschkin Museum
Puschkinstraße 2
www.museumpushkin.ru
Mittwoch–Montag 10.30–17.00 Uhr

Pawlowsk
Nur ein paar Kilometer von Zarskoje Selo entfernt, liegt Pawlowsk mit einem der schönsten und größten europäischen Landschaftsparks.

1777 schenkte Katharina die Große die Ländereien ihrem Sohn Paul I. anlässlich der Geburt seines Sohnes Alexander I. Was im 18. Jahrhundert Jagdrevier des russischen Adels war, ist heute Naherholungsgebiet der Petersburger. Auf gesäumten Alleen und schmalen Wegen, mit einer Gesamtlänge von über 100 km, die durch scheinbar unberührte Natur mit Pavillons, Skulpturen und über Brücken führen, kann man hier stundenlang spazieren gehen, im Herbst Pilze sammeln und im

Winter wie zu Zarenzeiten mit dem Pferdeschlitten fahren.

Oberhalb des Flüsschens liegt der weißgoldene Sommerpalast, der in seinem eleganten klassizistischen Stil, verglichen mit den Zarenresidenzen Peterhof und Zarskoje Selo, eher bescheiden wirkt. Die Räume schmücken Ölgemälde, Porzellanvasen, Motive aus dem alten Ägypten und wertvolle Antiquitäten der Zarenfamilie. Besonders sehenswert ist der italienische Festsaal, der an einen römischen Palazzo erinnert.

Pawlowsk, ca. 30 km südlich von St. Petersburg
Samstag–Donnerstag
10.00–17.00 Uhr (Palast)

---

## EINE FAHRT MIT DER METRO: DIE ROTE LINIE

Verpassen Sie nicht, während Ihres Aufenthaltes einmal in die St. Petersburger Metro zu steigen. Bis zu 100 Meter lange Rolltreppen führen hinab zu beeindruckenden Stationen voller Marmor, die mit Kronleuchtern, Statuen und Mosaiken geschmückt sind.

Am prachtvollsten sind die Stationen der Roten Linie, die Mitte des 20. Jahrhunderts unter Stalin als Vorzeigeprojekt der ehemaligen Sowjetunion erbaut wurden. Sie erinnern eher an einen Palast als an eine normale Metrostation. Starten Sie am besten am Ploschadj Wosstanija und nehmen Sie die Rote Linie Richtung Awtowo. Hierbei kommen Sie an den schönsten Stationen vorbei:

Ploschadj Wosstanija: Wo bis 1938 noch eine Kirche stand, entstand in den 50er Jahren die erste Metrostation im Stil des stalinistischen Klassizismus mit Wänden aus rotem und weißem Marmor, Bronzereliefen und Lorbeer- und Eichenkränzen.

Puschkinskaja: eine prunkvolle Station aus weißem und grauem Marmor an den Wänden und dem Puschkin-Denkmal, dem auch diese Station gewidmet wurde.

Awtowo: geschmückt mit opulenten Säulen, Leuchtern und Stuck an den Decken gehört sie zusammen mit der Puschkinskaja zu den prunkvollsten Metrostationen der Welt.

Ein absoluter Kontrast zur Roten Linie ist die Station Majakowskaja aus den späten 60er Jahren, die auf der Grünen Linie liegt. Ganz in Rot und mit Stahltüren, die an Fahrstühle erinnern. Hier wird der Bahnsteig von den Gleisen durch eine Wand getrennt, die nur dort Türen hat, an denen sich die Zugtüren öffnen.

## MIT DEM TAXI FAHREN

Die offiziellen, knallgelben Taxis der Stadt sind nicht so leicht zu bekommen, und schafft man es doch, eines anzuhalten, heißt das noch lange nicht, dass man auch mitgenommen wird, wenn dem Fahrer das Ziel nicht passend erscheint. Vor Antritt sollten Sie unbedingt den Fahrpreis verhandeln. Bestellt man ein Taxi über das Hotel, sind die Preise oft überteuert und man muss mit Wartezeiten von bis zu 25 Minuten rechnen. Neben offiziellen Taxis ist es in St.

Petersburg ganz üblich, per Handzeichen irgendein Auto auf der Straße anzuhalten. Wichtig ist auch hier, den Preis vorab zu verhandeln und nur einzusteigen, wenn der Fahrer allein im Auto sitzt. Auch wenn es anfangs ungewöhnlich erscheint, kann man daran leicht Gefallen finden, denn es ist nicht nur praktisch, schnell und günstig, sondern man kommt so auch mit dem Petersburger Alltag und den Petersburgern auf charmante Weise in Berührung.

## SHOPPING

Nach St. Petersburg kommt man bestimmt nicht zum Shoppen. Dennoch macht es Spaß über den Nevskiy Prospekt mit seiner Mischung aus

großen alten Kaufhäusern, Ladenpassagen und Modeboutiquen zu flanieren und im traditionellen Café Singer im ersten Stock des „Haus des

Buches" auf einen Tee einzukehren. Interessante Modeläden und junge russische Labels kann man vor allem auf der Petrograder Seite um den Bolschoj Prospekt finden.

Die schönsten Antiquitätenläden mit altem, russischem Schmuck, Porzellan, Faberge-Eiern, Pappmachédosen mit Zarenporträts und Samowaren gibt es in und um die Ulitsa Pestelja. Allerdings sollte man hier beachten, dass Kunstgegenstände und Antiquitäten aus der Zeit vor 1945 strikten Ausfuhrkontrollen unterliegen und man das Einholen einer Exportgenehmigung am besten dem Laden überlassen sollte, wo man das kostbare Stück erworben hat.

## MÄRKTE

In St. Petersburg hat jedes Stadtviertel seinen eigenen Rynok, was so viel heißt wie Bauernmarkt. Hier kann man von Roten Rüben, Weißkohl und Rindfleisch bis zur sauren Sahne und frischen Petersilie alle Zutaten für einen echten Borschtsch finden, Honig aus dem Umland probieren oder einfach nur ein wenig Petersburger Alltag schnuppern. Am schönsten und lebendigsten ist die Atmosphäre gleich morgens. Der bekannteste Markt ist der Kusnetschny Markt zwischen der Wladimir-Kirche und dem Dostojewski Museum (siehe auch S. 84)

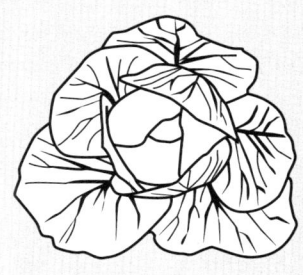

## FILMTIPP

Russische Arche (2002),
Regie: Alexander Sokurow
Ein zeitgenössischer russischer Filmemacher trifft auf Marquis de Custine, einen zynischen französischen Diplomaten aus dem 19. Jahrhundert, und begibt sich mit ihm auf eine atemberaubende Zeit-

reise durch den Winterpalast der Eremitage und 300 Jahre wechselvolle russische Geschichte. Peter der Große peitscht seine Generäle aus, Katharina die Große hetzt durch die Flure, hunderte Paare tanzen einen letzten Walzer und zwischen den beiden Männern entwickelt sich ein leidenschaftlicher Disput. Kultregisseur Alexander Sokurow mischt Kunst und Musik, aufwändiges Dekor mit rauschenden Kostümen und Vergangenheit mit Gegenwart und erzählt seine Geschichte in nur einer einzigen ungeschnittenen Sequenz.

---

BUCHTIPP

---

Anna Karenina,
von Leo Tolstoi

„Anna Karenina" ist einer der großartigsten und dramatischsten Liebesromane der Weltliteratur. Auf über 1000 Seiten – und spannend bis zur letzten – führt er einmal quer durch die Irren und Wirren dreier adliger Familien und durch die zaristische Gesellschaft des 19. Jahrhunderts. Detailreich, wortgewaltig und voller Melancholie schildert Tolstoi wie Anna Karenina, Schwester eines Fürsten, mit dem Staatsbeamten Karenin verheiratet wird – und schließlich eine glühende Liebesaffäre mit dem Grafen Wronskij beginnt ... Bis heute hat das Drama, mit dem Tolstoi seinen Weltruhm begründete, nichts von seiner Aktualität eingebüßt, dem Zerbrechen an Eifersucht, Hass und Verzweiflung, der bedingungslosen Liebe und dem Gefangensein in einem falschen Leben. Neben Madame Bovary und Effi Briest ist Anna Karenina eine der berühmtesten Ehebrecherinnen der Weltliteratur – und auch sie muss für ihre Liebe schwer büßen.

Verliebt in Sankt Petersburg: Meine russische Reise, von Lena Gorelik

Die Ich-Erzählerin macht sich eines Tages mit ihrem besten Freund Jost auf den Weg, die Stadt zu besuchen, in der sie geboren wurde: St. Petersburg. Die Stadt für Verliebte und Kunstbeflissene, Schlaflose, Wodkatrinker und Pelzträger. Sie wohnt bei Verwandten und erzählt vom russischen Leben mit all seinen Klischees. Eine persönliche Liebeserklärung an St. Petersburg, die man in einem Rutsch durchliest.

---

Carlo Rossi (1775–1849)

Der in Neapel geborene Architekt Carlo Rossi hat große Teile des Petersburger Stadtzentrums mit seinen gelb-weiß klassizistischen Gebäuden entscheidend geprägt. Der Sohn einer italienischen Tänzerin kam als Kind nach St. Petersburg, studierte klassische Architektur in Italien, war von 1808 bis 1814 in Moskau und bis 1816 in Pawlowsk tätig. Den Rest seines Lebens verbrachte er in St. Petersburg und gestaltete zahlreiche bedeutende Gebäude wie den Schlossplatz, den Michailowski-Palast, in dem das Russische Museum samt Platz der Künste untergebracht ist, sowie das Alexandra-Theater und die direkt darauf zulaufende und nach ihm benannte Rossi-Straße.

Der Lieblingsarchitekt von Alexander I. war bekannt für seine zusammenhängenden Bauwerke, die Eleganz und imperiale Macht ausstrahlen sollten. So hat er beispielsweise die drei Gebäudetrakte des Grand Hotel Europe, das vom Nevskiy Prospekt bis zur Michailowskaja Ulitsa verläuft, zu einem prachtvollen Ensemble verbunden.

Fjodor Michajlowitsch Dostojewski (1821–1881)

Dostojewski wurde als jüngster Sohn einer verarmten Adelsfamilie in Moskau geboren und siedelte nach dem Tod seiner Mutter mit der Familie nach St. Petersburg über. Hier studierte er an der Militärakademie und arbeitete ab 1844 als freier Autor.

Er zählt zu den größten und am meisten geschätzten Dichtern und Romanciers und seine Werke „Schuld und Sühne", „Die Brüder Karamasow" und „Der Idiot" sind Weltliteratur. Seine kritischen Veröffentlichungen gegen das zaristische Regime brachten ihn für mehrere Jahre ins Gefängnis der Peter-und-Paul-Festung.

In St. Petersburg ist Dostojewski mehr als 20 Mal umgezogen und liebte Wohnungen in Eckhäusern oder an Kreuzungen und in der Nähe einer Kirche. Seine letzte Wohnung in der Kusnetschnij Pereulok wurde in ein Museum umfunktioniert und befindet sich im originalen Zustand, wie zu Dostojewskis Lebzeiten.

Kusnetschnij Pereulok 5/2
Täglich 11.00 – 18.00 Uhr,
Montag geschlossen

Mozarts „Don Giovanni" als Donna Anna.
Obwohl Anna Netrebko in St. Petersburg lebt und Mitglied des Ensembles am Mariinsky Theater ist, gastiert sie vorrangig an den großen Opernhäusern der Welt und ist auf heimischen Bühnen eher selten zu sehen. Seit 2006 hat sie sogar die österreichische Staatsbürgerschaft.

Anna Netrebko (*1971)
Die Karriere des russischen Opernstars begann 1994 im Mariinsky Theater. 2002 feierte Anna Netrebko ihren internationalen Durchbruch an der Metropolitan Opera in New York als Natascha in „Krieg und Frieden" und begeisterte das Publikum bei den Salzburger Festspielen in

## WICHTIGE INFORMATIONEN

Touristinformation:
Sadovaja 14/52
Tel: 007 812 3102822
www.ispb.info
Täglich 10.00–19.00 Uhr

City-Websites:
www.petersburgcity.com
www.petersburg.aktuell.ru

Telefonieren:
Russland: 007
St. Petersburg: 812

Währung:
Russische Rubel
1 Euro = 40 Rubel

Transport Flughafen/City:
Vom Flughafen Pulkovo, Taxi 30–45
min./ca. 35 Euro
Wir empfehlen, das Taxi bereits im
Vorfeld über Ihr Hotel zu reservieren oder den Preis vor der Abfahrt
auszuhandeln.

Taxiruf:
Tel: 007 812 3325959
Tel: 007 812 3333233
Auf ein Taxi muss man oft bis zu 25
Minuten warten. Am besten Sie las-
sen sich im Hotel ein Taxi rufen.

Stadtmagazine:
The St. Petersburg Times
(www.sptimes.ru)
Sie erscheint zweimal wöchentlich
und liegt kostenlos in vielen Hotels
und Restaurants aus.

Einreisebestimmungen:
Für die Einreise nach St. Petersburg
braucht man ein Touristenvisum
und eine gültige Auslandskranken-
versicherung.

# MEIN PERFEKTES WOCHENENDE

Freitag:

_____

_____

_____

_____

_____


Samstag:

_____

_____

_____

_____

_____


Sonntag:

_____

_____

_____

_____

_____

## LUST AUF DAS WELTWEIT BESTE?

Die Buchreihen „Ein perfektes Wochenende in.." und „Eine Perfekte Woche ..." werden vom Online-Cityguide www.smart-travelling.net herausgegeben. Hier finden Sie viele weitere ungewöhnliche Adressen für über 30 Städte und Regionen weltweit. Tipps für Hotels, Restaurants, Cafés, Shops und Aktivitäten – individuell und sorgfältig recherchiert. Denn Smart Travelling zeigt nicht alles und jedes, sondern sucht nach dem Authentischen und Besonderen, nach Orten, die das Flair einer Stadt oder Region ausmachen und uns immer wieder empfangen wie ein guter Freund. Schauen Sie vorbei unter www.smart-travelling. net: Klicken Sie sich durch unseren kulinarischen Best-of-Blog, buchen Sie Ihr Hotel bequem online und freuen Sie sich mit unseren ausgesuchten Tipps von Antwerpen über Rom bis San Francisco auf Ihre nächste Reise.

Erfahren Sie das Neueste von Smart Travelling auf Facebook. Werden Sie jetzt Fan! (facebook.com/smarttravelling)

www.smart-travelling.net